발명특허출원 : 10-2003-0063714
상표등록출원 : 40-2005-0009478
저작권등록 : 제C-2003-002937호

국어 논술 능력을 길러주는

김영준 漢字교실
（汉字）

한국어문회 주관 한자능력검정시험 대비

8급 ~ 7급

150자

이 책의 특징

　　이 교재는 한글만 알면 누구나 배울 수 있는 한자 교재로 본문을 시를 낭송하듯이 소리내어 반복적으로 읽음으로써 ①한자의 훈 음 ②독음 ③한자어의 뜻을 터득할 수 있도록 구성하였으며, 특히 우리가 쓰는 漢字와 중국에서 쓰는 간체자를 한눈에 대조시켜 漢字와 더불어 간체자도 쉽게 습득할 수 있도록 하였다. 또한 금강산, 오빠생각, 반달, 섬집아기 등의 동요 가락에 맞추어 즐겁게 노래하는 가운데 한자를 익히도록 하였다.

이 책의 구성

> (예) 7급 제 1 장
>
> 家　집가에 일사는 家事이고요　(본문 첫째 줄)
> 　　집안과 문중은 家門입니다.　(본문 둘째 줄)
> 　　　　　　　　　　　가　문

1. 본문 첫째줄은 한자의 훈 음을 적어놓아 한글만 알면 유아부터 성인에 이르기까지 한자를 쉽게 습득할 수 있도록 하였으며

2. 본문 둘째줄은 이미 익힌 한자로 만들어진 한자어의 뜻을 설명하여 복습과 더불어 우리 국어의 정확한 뜻을 깨치도록 하였다.

이 책의 학습방법

1. 「기초 한자(部首)훈음과 필순표」을 보고 기초 한자의 필순을 완전히 익힌 다음
2. 급수별 「본문학습방법」과 「점검 읽는 요령」을 참고하여 학습한다.
3. 급수별 「배정한자」를 책을 보지 않고도 쓸 수 있도록 학습한다.

한자능력시험 대비 학습요령

1. 본문에 나온 한자어를 받아쓰기 형식으로 〈보기〉와 같이 학습한다.

　　① 한자노트를 이용하여 한자어의 훈(뜻)음을 쓴다.　　② 한자어를 쓴다.

〈보기1〉

집㉮	일㈐		집㉮	문㈎

〈보기2〉

家	事		家	門
집㉮	일㈐		집㉮	문㈎

　　※ 본문 제1장부터 마지막장까지 책을 보지 않고 쓸 수 있도록 학습한다.

2. 기출 · 예상문제집으로 학습한다.

　　※ 답안지를 100여 장 이상 복사해 놓고 만점이 나올 때까지 학습한다.

한글만 알면 쉽게 배울 수 있는

一讀三貫 (일독삼관) 학습법

　최근 중국이 경제대국으로 급부상 하면서 한자(漢字)와 중국어를 배우는 사람들이 크게 늘고, 그 중요성도 강조되고 있다.

　한자를 알면 사고력과 어휘력이 신장되고 국어의 정확한 뜻을 알게 되어 「국어 논술교육」에 실질적인 도움이 된다. 또한 한자(漢字)와 간체자를 알게 되면 「중국어」를 배우는 데 결정적인 도움을 준다.

　이 교재는 이러한 점에 주안점(主眼點)을 두고 보다 현실적이고 실용적인 학습서가 되도록 종래의 쓰기위주의 학습방법을 바꾸어 어휘의 뜻을 소리내어 읽음으로써 「국어 논술 교육」에 실질적인 도움이 되도록 하였으며, 한자(漢字)와 간체자를 한 눈에 대조시켜 「중국어」를 습득하는데 결정적인 도움이 되도록 하였다.

　필자는 1992년 한자 교육에 뜻을 세우고 어떻게 하면 쉽고 재미있게 한자를 가르칠 수 있을까, 연구를 거듭한 끝에 一讀三貫학습법(발명특허출원 : 10-2003-0063714)을 창안하기에 이르렀다.

　一讀三貫이란 「한 번 읽어서 ① 한자의 훈음 ② 독음 ③ 한자어의 뜻 세 가지를 꿰뚫는다」는 뜻의 성어(成語)이다.

　이 책은 **한글만 알면 혼자서도** 쉽게 배울 수 있는 한자교재로 본문을 시를 낭송하듯이 낭송하거나 동요가락에 맞추어 흥겹게 노래하는 가운데 ① 한자의 훈음 ② 독음 ③ 한자어의 뜻 모두를 익힐 수 있도록 내용과 편집체제에 각별한 정성과 심혈(心血)을 기울여 만든 교재다.

　출판에 앞서 초등학생을 대상으로 한 '어린이 한자서당' 등에서 본 교재와 동일한 내용의 교재를 활용하여 큰 성과를 거두어 「성남시 주관 2002 주민자치센터운영 우수사례」 발표 등으로 선정된 바, 그 실효성을 검증받은 교재다.

　이 책이 유치원·초·중·고·대학생의 漢字교육에 기여하는 교재가 되어 주기를 기대하며 一讀三貫 학습법이라 이름하여 머리말에 대신한다.

2005년 6월

남재(南齋) 김영준(金泳俊)

저자 약력

· 남원서당(魯天齋)에서 南軒 吳奎烈 선생님으로부터 漢文修學
· 고려대학교 교육대학원 사회교육CEO최고위 과정 재학중
· 한국어문회 한자능력검정 1급 취득
· 한국어문회 평생회원
· 성남 시립청소년수련관 강사
· 성남시 중원구 하대원동 문화의 집 강사
· 성남시 수정구 단대동 문화의집 강사
· 성남시 분당구 야탑2동 주민자치센터 강사
· 성남시장 표창장(문화의 집 활성화 기여)
· 성남시 수정구 주관 문화의 집 우수사례 발표
· 성남시 주관 2002 주민자치센터 운영 우수사례 발표
· 아름방송(ABN)강의
· 도시철도공사 취미교실 강사
· 성남시 수정구 노인대학 강사
· 통일부 하나원 강사(현)
· 성남문화원 강사(현)
· 도서출판 漢字문화 대표(현)

저 서

· 김영준 漢字교실 (8급~7급 150자)
· 김영준 漢字교실 (6급 300자)
· 김영준 漢字교실 (5급 500자)
· 김영준 漢字교실 (4급Ⅱ 750자)
· 김영준 漢字교실 (4급 1,000자)
· 김영준 漢字교실 (3급Ⅱ 1,500자)
· 김영준 漢字교실 (3급 1,817자)
· 김영준 漢字교실 (2급 2,355자)

◈ 강의 · 교재에 대한 문의전화 : 031-733-2255, 011-9266-7830

목　차

간체자만 알면 중국어는 쉽다

　　요즘 중국어 공부에 남다른 관심과 열의를 갖고 있는 사람들이 늘고 있다. 그러나 막상 중국어를 익히려면 우리가 쓰는 한자와 중국에서 쓰는 한자가 달라 어려움을 겪게 된다. 중국어를 공부하려면 먼저 중국에서 쓰는 간체자를 익혀야 되는데 시중에는 상용한자에 따른 간체자 교재가 없는 실정이어서 많은 사람들이 어려움을 겪고 있다.

　　이 책은 한국어문회가 주관, 시행하고 있는 「한자능력검정시험」의 급수한자에 중국의 간체자를 대조시켜 어렵지 않게 중국의 간체자도 익힐 수 있도록 만든 교재다.

　　중국어는 한자와 간체자만 알면 쉽게 배울 수 있는 언어이다.

　　처음에 발음이 어려워 익히기가 어려운데 이러한 관문만 통과하면 다른 외국어보다는 훨씬 쉽고 빠르게 배울 수 있다.

　　이 책으로 공부한 많은 독자들이 호기심이 유발(誘發)되어 중국어까지 익힐 수 있는 계기(契機)가 되기를 바란다.

■ 한국어문회 한자능력검정시험안내

　전　화 : 1566-1400

　인터넷접수 : http://www.hangum.re.kr

김영준 漢字 교실
（汉字）

기초漢字(部首)
훈(뜻)음과 필순표

● 한자노트를 이용하여 ① 본 교재의 필순표를 보고 〈보기〉와 같이 기초 漢字를 쓴 다음
　　　　　　　　　　 ② 기초漢字의 훈(뜻)음을 쓴다.

〈보기〉	丶	丷	丷	半	米	米				
						쌀 미				
	丨	冂	冃	冃	目	貝	見			
							볼 견			

※ 일러두기

아래의 기초漢字(部首) 훈(뜻)음 등은 속칭(俗稱)이나 가차(假借)된 명칭
을 적지 않고 본래의 훈음으로 표기하였으며 어려운 한자어로 된 훈음은
쉬운말로 고쳐 한자의 이해에 도움이 되게 하였다.

- 八(나눌 팔) - 分(나눌 분) 半(반 반) 公(공평할 공)
- 冖(덮을 멱) - 冠(갓 관) 冥(어두울 명) 冢(무덤 총)
- 冫(얼음 빙) - 冬(겨울 동) 冷(찰 랭) 凍(얼 동)
- 又(손 우)-受(받을 수) 授(줄 수) 取(가질 취)
- 几(걸상궤) - 机(책상 궤) 處(곳 처)
- 宀(집 면) - 家(집 가) 室(집 실) 宅(집 택)
- 豸(사나운짐승 치) - 豺(승냥이 시) 豹(표범 표) 貂(담비 초)
- 酉(술 유) - 酒(술 유) 醉(취할 취) 醜(추할 추)
- 自(코 자) - 臭(냄새 취) 息(숨쉴 식) 鼻(코 비)
- 隶 (미칠 체) - 逮(잡을 체) 棣(산앵도나무 체) 隸(종 례)
- 鬲(오지병 격) - 隔(사이뜰 격) 膈(흉격 격)

기초 漢字(部首) 훈음과 필순표

기초 漢字(部首)는 모든 漢字의 기본글자이므로 본 漢字의 필순을 잘 익히면 이를 응용하여 어떠한 漢字도 자신있게 쓸 수 있게 된다.

■ 1획

一 한 일	一		
丨 뚫을 곤	丨		
丶 점 주	丶		
丿 삐칠 별	丿		
乙 새 을	乙		
亅 갈고리 궐	亅		

■ 2획

二 두 이	一	二	
亠 머리부분 두	丶	亠	
人 사람 인	丿	人	
亻 사람인 변	丿	亻	
儿 어진사람 인	丿	儿	
入 들 입	丿	入	
八 나눌 팔	丿	八	
冂 멀 경	丨	冂	
冖 덮을 멱	丶	冖	
冫 얼음 빙	丶	冫	
几 걸상 궤	丿	几	
凵 입벌릴 감	凵	凵	
刀 칼 도	フ	刀	
刂 칼도 방	丨	刂	
力 힘 력	フ	力	

勹 감쌀 포	丿	勹	
匕 숟가락 비	丿	匕	
匚 상자 방	一	匚	
匸 감출 혜	一	匸	
十 열 십	一	十	
卜 점 복	丨	卜	
卩 병부 절	フ	卩	
㔾 병부 절	フ	㔾	
厂 언덕 한	一	厂	
厶 사사 사	厶	厶	
又 손 우	フ	又	

■ 3획

口 입 구	丨	冂	口
囗 에워쌀 위	丨	冂	囗
土 흙 토	一	十	土
士 선비 사	一	十	士
夂 뒤져올 치	丿	勹	夂
夊 천천히 걸을 쇠	丿	勹	夊
夕 저녁 석	丿	勹	夕
大 큰 대	一	厂	大
女 계집 녀	丿	女	女
子 아들 자	フ	了	子
宀 집 면	丶	宀	宀

寸 마디 촌	一	寸	寸
小 작을 소	亅	小	小
尢 절름발이 왕	一	尢	尢
尸 누울 시	𠃌	尸	尸
屮 싹날 철	ㄴ	屮	屮
山 메 산	丨	山	山
巛 내 천	巜	巜	巛
工 장인 공	一	丅	工
己 몸 기	𠃌	己	己
巾 수건 건	丨	冂	巾
干 방패 간	一	二	干
幺 작을 요	𡿨	幺	幺
广 집 엄	丶	广	广
廴 연이어 걸을 인	乛	廴	廴
廾 두손 공	一	廾	廾
弋 주살 익	一	弋	弋
弓 활 궁	𠃌	弓	弓
彐 돼지머리 계	彐	彐	彐
彑 돼지머리 계	彑	彑	彑
彑 돼지머리 계	ㄴ	彑	彑
彡 무늬 삼	丿	彡	彡
彳 걸을 척	丿	彳	彳

心 마음 심	丶	心	心	心
忄 마음 심 변	丶	忄	忄	
㣺 마음 심 발	丨	忄	忄	㣺
戈 창 과	一	弋	戈	戈
戶 지게문 호	一	戸	戸	戶
手 손 수	一	二	三	手
扌 손수 변	一	扌	扌	
支 나눌 지	一	十	支	支
攴 칠 복	丨	卜	攴	攴
攵 칠 복	丿	攵	攵	攵
文 글월 문	丶	亠	文	文
斗 말 두	丶	丷	斗	斗
斤 도끼 근	一	厂	斤	斤
方 모 방	丶	亠	方	方
无 없을 무	一	二	无	无
日 해 일	丨	冂	日	日
曰 말할 왈	丨	冂	曰	曰
月 달 월	丿	冂	月	月
木 나무 목	一	十	木	木
欠 하품 흠	丿	欠	欠	欠
止 그칠 지	丨	止	止	止
歹 남은뼈 알	一	歹	歹	歹
殳 창 수	丿	殳	殳	殳
毋 말 무	ㄴ	毋	毋	毋
比 견줄 비	一	上	比	比
毛 터럭 모	一	二	三	毛

■ 5획

부수	훈음	획순			
氏	성씨 씨	一	厂	氏	氏
气	기운 기	丿	气	气	气
水	물 수	刂	才	水	水
氵	물수변	丶	冫	氵	
火	불 화	丶	丷	少	火
灬	불화 발	丶	丷	灬	灬
爪	손톱 조	一	厂	爪	爪
爫	손톱 조 머리	一	爫	爫	爫
父	아비 부	丿	八	父	父
爻	점괘 효	丿	乂	爻	爻
爿	조각 장	丨	爿	爿	爿
片	조각 편	丿	片	片	片
牙	어금니 아	一	二	牙	牙
牛	소 우	丿	一	二	牛
牜	소우변	丿	牜	牜	牛
犬	개 견	一	ナ	大	犬
犭	개견변	丿	犭	犭	

부수	훈음	획순			
玄	검을 현	丶	亠	玄	玄 玄
玉	구슬 옥	一	丁	于	王 玉
瓜	외 과	一	厂	瓜	瓜 瓜
瓦	기와 와	一	丆	瓦	瓦 瓦
甘	달 감	一	十	廿	甘 甘
生	날 생	丿	生	牛	牛 生
用	쓸 용	丿	刀	月	月 用
田	밭 전	丨	冂	田	田 田
疋	발 소	乛	下	下	疋 疋
疒	병들 녁	丶	广	广	疒 疒
癶	어그러질 발	乛	癶	癶	癶 癶
白	흰 백	丿	白	白	白 白
皮	가죽 피	丿	厂	皮	皮 皮
皿	그릇 명	丨	冂	皿	皿 皿
目	눈 목	丨	冂	目	目 目
矛	창 모	乛	矛	矛	矛 矛
矢	화살 시	丿	一	二	矢 矢
石	돌 석	一	丆	石	石 石
示	보일 시	一	二	示	示 示
礻	보일시변	丶	礻	礻	礻
禸	짐승발자국 유	丨	冂	禸	禸 禸
禾	벼 화	一	二	千	禾 禾
穴	구멍 혈	丶	宀	宀	穴 穴
立	설 립	丶	亠	立	立 立

竹 대 죽	ノ	┌	⺮	⺮	⺮	竹
米 쌀 미	ﾉ	⺍	丷	半	米	米
糸 실 사	乥	幺	幺	糸	糸	糸
缶 장군 부	ノ	一	二	午	缶	缶
网 그물 망	丨	冂	刀	冈	网	网
罒 그물 망	丨	冂	冂	罒	罒	
皿 그물 망	丨	冂	皿	皿		
羊 양 양	丶	⺍	丷	兰	兰	羊
羽 날개 우	丁	ㄋ	习	羽	羽	羽
老 늙을 로	一	十	土	耂	耂	老
而 말이을 이	一	丆	襾	而	而	而
耒 쟁기 뢰	一	二	三	丰	耒	耒
耳 귀 이	一	丆	丆	耳	耳	耳
聿 붓 률	ㄱ	彐	彐	彐	聿	聿
肉 고기 육	丨	冂	肉	内	肉	肉
月 육달 월	ノ	刀	月	月		
臣 신하 신	一	丆	臣	臣	臣	臣
自 코 자	ノ	丆	自	自	自	自
至 이를 지	一	云	至	至	至	至
臼 절구 구	ノ	丆	臼	臼	臼	臼
舌 혀 설	一	二	千	千	舌	舌
舛 어그러질 천	ノ	ク	夕	夘	舛	舛
舟 배 주	ノ	丿	力	舟	舟	舟
艮 괘이름 간	ㄱ	ㄱ	ヨ	艮	艮	艮
色 빛 색	ノ	色	色	色	色	色
艸 풀 초	ㅑ	ㅐ	艸	艸	艸	艸

부수	1	2	3	4	5	6
艹 풀 초머리	丨	十	十	艹		
虍 범무늬 호	ノ	⼏	⼐	广	虍	虍
虫 벌레 충	丨	冂	口	中	虫	虫
血 피 혈	丿	亇	帄	血	血	血
行 다닐 행	丿	彳	彳	行	行	行
衣 옷 의	丶	亠	才	衣	衣	衣
衤 옷의 변	丶	冫	衤	衤	衤	
襾 덮을 아	一	厂	冂	襾	襾	襾

부수	1	2	3	4	5	6	7
見 볼 견	丨	冂	目	目	目	貝	見
角 뿔 각	丿	𠂇	𠂎	夕	角	角	角
言 말씀 언	一	二	㝾	言	言	言	言
谷 골 곡	丿	八	分	公	谷	谷	谷
豆 콩 두	一	丆	묘	묘	豆	豆	豆
豕 돼지 시	一	丆	丏	豕	豕	豕	豕
豸 사나운 짐승 치	丿	𠂆	豸	豸	豸	豸	豸
貝 조개 패	丨	冂	目	目	目	貝	貝
赤 붉을 적	一	十	土	圥	赤	赤	赤
走 달릴 주	一	十	土	丰	丰	走	走
足 발 족	丨	口	口	문	足	足	足
𧾷 발족변	丨	口	口	足	足	足	𧾷
身 몸 신	丶	亻	勹	身	身	身	身
車 수레 차	一	厂	冃	百	亘	亘	車
辛 매울 신	丶	亠	六	立	立	辛	辛
辰 별 진	一	厂	厃	乕	辰	辰	辰
辵 갈 착	丿	𠂊	乷	仒	辵	辵	辵

부수필순

■ 7획

辶 갈착받침	丶	丶	氵	辶			
邑 고을 읍	丨	冂	口	呂	吕	吕	邑
阝 고을읍방	㇇	孑	阝				
酉 술 유	一	厂	冂	丙	西	西	酉
釆 분별할 변	一	丷	丷	㕯	乎	釆	釆
里 마을 리	丨	冂	日	日	甲	甲	里

■ 8획

金 쇠 금	丿	人	亼	亼	仐	仐	金	金
長 긴 장	丨	厂	匸	巨	巨	長	镸	長
門 문 문	丨	冂	冂	冂	冂	門	門	門
阜 언덕 부	丶	亻	宀	户	自	自	皀	阜
阝 언덕부변	㇇	孑	阝					
隶 미칠 체	⺕	⺕	⺕	肀	肀	肀	肀	隶
隹 새 추	丿	亻	亻	亻	什	仹	隹	隹
雨 비 우	一	厂	厅	帀	帀	雨	雨	雨
靑 푸를 청	一	十	丰	主	靑	靑	靑	靑
非 아닐 비	丿	刁	刂	刲	刲	非	非	非

■ 9획

面 낯 면	一	丆	厂	百	而	而	面	面
革 가죽 혁	一	十	艹	艹	苙	苙	革	革	革
韋 다룸가죽 위	丿	艹	产	产	吾	畵	畫	韋	韋
韭 부추 구	丨	十	丰	丰	韭	韭	韭	韭	韭
音 소리 음	丶	立	产	产	音	音	音	音
頁 머리 혈	一	丆	厂	百	百	百	頁	頁
風 바람 풍	丿	几	凡	凡	凡	凮	風	風	風

飛 날 비	㇂	㇇	飞	飞	飛	飛	飛	飛	飛
食 밥 식	ノ	人	人	今	今	今	食	食	食
首 머리 수	丶	丷	丷	产	产	首	首	首	首
香 향기 향	一	二	千	禾	禾	禾	香	香	香

■ 10획

馬 말 마	丨	厂	厂	厍	馬	馬	馬	馬	馬	馬
骨 뼈 골	丨	冂	冎	冎	骨	骨	骨	骨	骨	骨
高 높을 고	丶	亠	产	古	古	高	高	高	高	高
髟 털늘어질 표	丨	厂	下	巨	巨	長	髟	髟	髟	髟
鬥 싸움 투	丨	厂	鬥	鬥	鬥	鬥	鬥	鬥	鬥	鬥
鬯 기장술 창	ノ	メ	メ	米	米	米	鬯	鬯	鬯	鬯
鬲 오지병 격	一	一	一	一	戸	鬲	鬲	鬲	鬲	鬲
鬼 귀신 귀	丶	丿	田	田	由	由	鬼	鬼	鬼	鬼

■ 11획

魚 고기 어	ノ	ク	夕	角	角	魚	魚	魚	魚	魚
鳥 새 조	丶	厂	鳥	鳥	鳥	鳥	鳥	鳥	鳥	鳥
鹵 소금밭 로	丶	上	卜	冈	鹵	鹵	鹵	鹵	鹵	鹵
鹿 사슴 록	丶	一	广	庐	庐	鹿	鹿	鹿	鹿	鹿
麥 보리 맥	一	十	才	夾	夾	夾	夾	麥	麥	麥
麻 삼 마	丶	一	广	广	麻	麻	麻	麻	麻	麻

■ 12획

黃 누를 황	一	十	卄	卅	芇	苩	苗	黃	黃	黃	黃
黍 기장 서	一	二	千	禾	禾	黍	黍	黍	黍	黍	黍
黹 바느질할 치	丶	丷	丷	业	业	黹	黹	黹	黹	黹	黹
黑 검을 흑	丨	冂	冊	四	里	里	黑	黑	黑	黑	黑

■ 13획

黽 맹꽁이 맹	ㅣ	ㄷ	굗	굔	黽	黽	黽	黽	黽	黽	黽	黽	黽
鼎 솥 정	ㅣ	口	月	月	目	鼎	鼎	鼎	鼎	鼎	鼎	鼎	鼎
鼓 북 고	一	十	士	吉	吉	吉	吉	壴	壴	鼓	鼓	鼓	鼓
鼠 쥐 서	一	丆	臼	臼	臼	臼	鼠	鼠	鼠	鼠	鼠	鼠	鼠

■ 14획

鼻 코 비	´	宀	白	白	自	自	鼻	鼻	鼻	鼻	鼻	鼻
	鼻											
齊 가지런할 제	´	亠	宀	齊	齊	齊	齊	齊	齊	齊	齊	齊
	齊											

■ 15획

| 齒 이 치 | ㅣ | 止 | 止 | 步 | 步 | 步 | 齒 | 齒 | 齒 | 齒 | 齒 | 齒 |
| | 齒 | 齒 | | | | | | | | | | |

■ 16획

龍 용 룡	´	亠	产	产	立	产	音	音	育	龍	龍	龍
	龍	龍	龍									
龜 거북 귀	ノ	勹	勹	龜	龜	龜	龜	龜	龜	龜	龜	龜
	龜	龜	龜									

■ 17획

龠 피리 약	ノ	人	스	스	合	合	合	龠	龠	龠	龠	龠
	龠	龠	龠	龠								
蕭 엄숙할 숙	ㄱ	ㄱ	크	肀	肀	肅	肅	肅	肅	肅	肅	肅	肅

김영준 漢字 교실
（汉字）

8급

금 강 산

강소천요
나운영곡

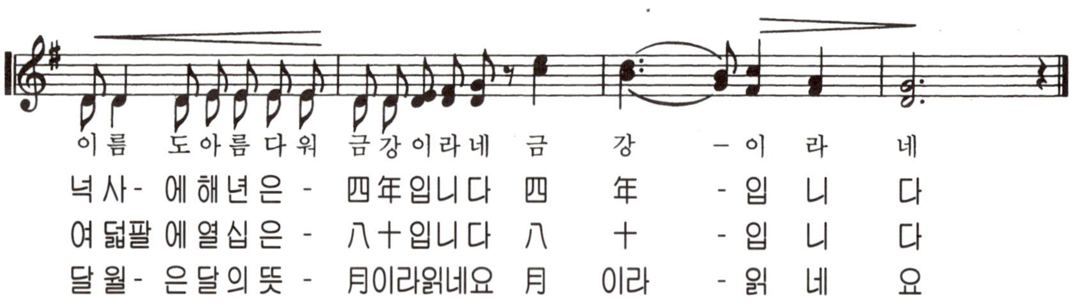

8급 배정 漢字(한자) 50자 훈(뜻)음 표
(汉字)

※ 한자 노트를 이용하여 한일~나라국까지 漢字의 훈음을 먼저 쓰고 책을 보지 않고도 漢字를 쓸 수 있도록 학습한다.

一	二	三	四	五
한 일	두 이	석 삼	넉 사	다섯 오
六	七	八	九	十
여섯 륙	일곱 칠	여덟 팔	아홉 구	열 십
日	月	火	水	木
날 일	달 월	불 화	물 수	나무 목
金	土	寸	女	王
쇠 금/성 김	흙 토	마디 촌	계집 녀	임금 왕
人	民	山	外	大
사람 인	백성 민	메 산	바깥 외	큰 대
中	小	年	长 長	门 門
가운데 중	작을 소	해 년	긴 장	문 문
青 青	白	父	母	兄
푸를 청	흰 백	아비 부	어미 모	형 형
弟	先	生	教 教	室
아우 제	먼저 선	날 생	가르칠 교	집 실
东 東	西	南	北	学 學
동녘 동	서녘 서	남녘 남	북녘 북	배울 학
校	万 萬	军 軍	韩 韓	国 國
학교 교	일만 만	군사 군	나라 한	나라 국

◆ 점검 8급 배정 漢字(한자) 50자 소리 내어 읽기
(汉字)

一	二	三	四	五
六	七	八	九	十
日	月	火	水	木
金	土	寸	女	王
人	民	山	外	大
中	小	年	长	门
青	白	父	母	兄
弟	先	生	教	室
东	西	南	北	学
校	万	军	韩	国

◆ 본문 학습 방법

1. 먼저 「훈음쓰기」와 「漢字쓰기」를 한 다음
2. 아래와 같이 ①반드시 훈(뜻)음을 먼저 읽고
                   ② 독음을 소리내어 읽는다.
3. 한자노트를 이용하여 본문에 나온 한자어를 훈음과 함께 한 번 이상 쓴다.
4. 동요가락에 맞추어 노래한다.

1. 一 한 일에 달 월은 一月 이고요
        한일·달월 일월 이고요
    二 두 이에 날 일은 二日 입니다.
        두이·날일 이일 입니다
    三 석 삼에 열 십은 三十 이고요
        석삼·열십 삼십 이고요
    四 넉 사에 해 년은 四年 입니다.
        넉사·해년 사년 입니다

2. 五 다섯 오에 해 년은 五年 이고요
        다섯오·해년 오년 이고요
    六 여섯 륙에 달 월은 *六月 입니다.
        여섯륙·달월 *유월 입니다
    七 일곱 칠에 날 일은 七日 이고요
        일곱칠·날일 칠일 이고요
    八 여덟 팔에 열 십은 八十 입니다.
        여덟팔·열십 팔십 입니다

3. 九 아홉 구에 열 십은 九十 이고요
        아홉구·열십 구십 이고요
    十 열 십에 달 월은 *十月 입니다.
        열십·달월 *시월 입니다
    日 날 일은 해의 뜻 日 이라 읽고요
        날일 일이라 읽고요
    月 달 월은 달의 뜻 月 이라 읽네요.
        달월 월이라 읽네요

> 1. 본문학습방법과 같이 ①반드시 훈(뜻)음을 먼저 읽고
>   ②독음을 소리내어 읽는다.
> 2. 아래와 같이 시를 낭송하듯이 소리 내어 읽는다.
> 3. 점검 「배정한자 소리내어 읽기」를 한다.

1. 一 一에 月은 一月 이고요
     한일   달월   일 월
   二 二에 日은 二日 입니다.
     두이   날일   이 일

   三 三에 十은 三十 이고요
     석삼   열십   삼 십
   四 四에 年은 四年 입니다.
     넉사   해년   사 년

2. 五 五에 年은 五年 이고요
     다섯오 해년   오 년
   六 六에 月은 *六月 입니다.
     여섯륙 달월   *유 월

   七 七에 日은 七日 이고요
     일곱칠 날일   칠 일
   八 八에 十은 八十 입니다.
     여덟팔 열십   팔 십

3. 九 九에 十은 九十 이고요
     아홉구 열십   구 십
   十 十에 月은 *十月 입니다.
     열십   달월   *시 월

   日 日은 해의 뜻 日 이라 읽고요
     날일   일
   月 月은 달의 뜻 月 이라 읽네요.
     달월   월

8급 제 1 장

1.　一　한 일에 달 월은 一月이고요
　　二　두 이에 날 일은 二日입니다.

　　三　석 삼에 열 십은 三十이고요
　　四　넉 사에 해 년은 四年입니다.

2.　五　다섯 오에 해 년은 五年이고요
　　六　여섯 륙에 달 월은 *六月입니다.

　　七　일곱 칠에 날 일은 七日이고요
　　八　여덟 팔에 열 십은 八十입니다.

3.　九　아홉 구에 열 십은 九十이고요
　　十　열 십에 달 월은 *十月입니다.

　　日　날 일은 해의 뜻 日이라 읽고요
　　月　달 월은 달의 뜻 月이라 읽네요.

바르게 읽기 : *六月 - 유월　*十月 - 시월

8급 제 1 장

1.   **一** 一에 月은 一月이고요

    二 二에 日은 二日입니다.

    三 三에 十은 三十이고요

    四 四에 年은 四年입니다.

2.   **五** 五에 年은 五年이고요

    六 六에 月은 *六月입니다.

    七 七에 日은 七日이고요

    八 八에 十은 八十입니다.

3.   **九** 九에 十은 九十이고요

    十 十에 月은 *十月입니다.

    日 日은 **해의 뜻** 日이라 읽고요

    月 月은 **달의 뜻** 月이라 읽네요.

바르게 읽기 : *六月 - 유월   *十月 - 시월

8급 제 2 장

1. 火　불 화는 불의 뜻 火(화)라고 읽고요
　　水　물 수는 물의 뜻 水(수)라고 읽네요.

　　木　나무 목은 **나무의 뜻** 木(목)이라 읽고요
　　金　쇠 금은 **쇠의 뜻** 金(금)이라 읽네요.

2. 土　흙 토는 흙의 뜻 土(토)라고 읽고요
　　寸　넉 사에 **마디 촌**은 四寸(사촌)입니다.

　　女　계집 녀에 **군사 군**은 *女軍(女軍)(여군)이고요
　　王　임금 왕에 **집 실**은 王室(왕실)입니다.

3. 人　군사 군에 **사람 인**은 軍人(军人)(군인)이고요
　　民　나라 국에 **백성 민**은 國民(国民)(국민)입니다.

　　山　푸를 청에 **메 산**은 青山(青山)(청산)이고요
　　外　바깥 외에 **나라 국**은 外國(外国)(외국)입니다.

바르게 읽기 : *女軍 - 여군

8급 제 2 장

1. 火　火는 **불의 뜻** 火라고 읽고요
　水　水는 **물의 뜻** 水라고 읽네요.

　木　木은 **나무의 뜻** 木이라 읽고요
　金　金은 **쇠의 뜻** 金이라 읽네요.

2. 土　土는 **흙의 뜻** 土라고 읽고요
　寸　四에 寸은 四寸입니다.

　女　女에 軍은 *女軍 이고요
　王　王에 室은 王室입니다.

3. 人　軍에 人은 軍人이고요
　民　國에 民은 国民입니다.

　山　靑에 山은 靑山이고요
　外　外에 國은 外国입니다.

바르게 읽기 : *女軍 - 여군

8급 제 3 장

1. 大 큰 대에 **임금 왕**은 大王이고요
   (대 왕)
   中 가운데 중에 **나라 국**은 中國(中国)입니다.
   (중 국)

   小 작을 소에 **사람 인**은 小人이고요
   (소 인)
   年 배울 학에 **해 년**은 學年(学年)입니다.
   (학 년)

2. 長 긴 장에 **계집 녀**는 長女(长女)이고요
   (장 녀)
   門 학교 교에 **문 문**은 校門(校门)입니다.
   (교 문)

   靑 푸를 청에 **군사 군**은 靑軍(青军)이고요
   (청 군)
   白 흰 백에 **군사 군**은 白軍(白军)입니다.
   (백 군)

3. 父 아비 부에 **어미 모**는 父母이고요
   (부 모)
   母 어미 모에 **계집 녀**는 母女입니다.
   (모 녀)

   兄 긴 장에 **형 형**은 長兄(长兄)이고요
   (장 형)
   弟 형 형에 **아우 제**는 兄弟입니다.
   (형 제)

1. 大   大에 王은 **大王**이고요
    中   中에 國은 **中国**입니다.

    小   小에 人은 **小人**이고요
    年   學에 年은 **学年**입니다.

2. 長   長에 女는 **長女**이고요
    門   校에 門은 **校门**입니다.

    青   青에 軍은 **青军**이고요
    白   白에 軍은 **白军**입니다.

3. 父   父에 母는 **父母**이고요
    母   母에 女는 **母女**입니다.

    兄   長에 兄은 **长兄**이고요
    弟   兄에 弟는 **兄弟**입니다.

8급 제 4 장

1. 先生 먼저 선에 날 생은 **先生**이고요
   선 생
   날 생에 날 일은 **生日**입니다.
   생 일

   教室 가르칠 교에 집 실은 **教室**이고요
   교 실
   집 실에 바깥 외는 **室外**입니다.
   실 외

2. 東西 동녘 동에 문 문은 **東門(东门)**이고요
   동 문
   서녘 서에 메 산은 **西山**입니다.
   서 산

   南北 남녘 남에 나라 한은 **南韓(南韩)**이고요
   남 한
   북녘 북에 나라 한은 **北韓(北韩)**입니다.
   북 한

3. 學校 배울 학에 학교 교는 **學校(学校)**이고요
   학 교
   학교 교에 긴 장은 **校長(校长)**입니다.
   교 장

   萬軍 열 십에 일만 만은 **十萬(十万)**이고요
   십 만
   나라 국에 군사 군은 **國軍(国军)**입니다.
   국 군

1. 先生　先에 生은 先生이고요
　　　　生에 日은 生日입니다.

　　教室　教에 室은 教室이고요
　　　　室에 外는 室外입니다.

2. 東西　東에 門은 东门이고요
　　　　西에 山은 西山입니다.

　　南北　南에 韓은 南韩이고요
　　　　北에 韓은 北韩입니다.

3. 學校　學에 校는 学校이고요
　　　　校에 長은 校长입니다.

　　萬軍　十에 萬은 十万이고요
　　　　國에 軍은 国军입니다.

8급 제 5 장

31

1. 韓 나라 한에 나라 국은 韓國(韩国)이고요
   國 나라 국에 흙 토는 國土(国土)입니다.

8급 제 5 장

32

1. 韓　韓에 國은 韩国이고요
   國　國에 土는 国土입니다.

김영준 漢字 교실
(汉字)

7급

오빠 생각

최 순 애 요
박 태 준 곡

※ 한자 노트를 이용하여 ①집가~저자시까지 漢字의 훈음을 먼저 쓰고 ②책을 보지 않고도 漢字를 쓸 수 있도록 학습한다.

家	歌	间 (間)	江	车 (車)
집 가	노래 가	사이 간	강 강	수레 차(거)
工	空	口	记 (記)	气 (氣)
장인 공	빌 공	입 구	기록할 기	기운 기
旗	男	内	农 (農)	答
기 기	사내 남	안 내	농사 농	대답 답
道 (道)	冬	同	洞	动 (動)
길 도	겨울 동	한가지 동	골 동/밝을 통	움직일 동
登	来 (來)	力	老	里
오를 등	올 래	힘 력	늙을 로	마을 리
林	立	每	面	名
수풀 림	설 립	매양 매	낯 면	이름 명
命	文	问 (問)	物	方
목숨 명	글월 문	물을 문	물건 물	모 방
百	夫	不	事	算
일백 백	지아비 부	아닐 불	일 사	셈 산
上	色	夕	姓	世
윗 상	빛 색	저녁 석	성 성	인간 세
少	所	手	数 (數)	市
적을 소	바 소	손 수	셈 수	저자 시

7급

◆ 점검 7급 배정 漢字 100자 소리 내어 읽기
(汉字)

家	歌	间	江	车
工	空	口	记	气
旗	男	内	农	答
道	冬	同	洞	动
登	来	力	老	里
林	立	每	面	名
命	文	问	物	方
百	夫	不	事	算
上	色	夕	姓	世
少	所	手	数	市

7급 배정 漢字 150자 훈(뜻)음 표
(汉字)

※ 한자 노트를 이용하여 ①때 시~쉴 휴까지 漢字의 훈음을 먼저 쓰고 ②책을 보지 않고도 漢字를 쓸 수 있도록 학습한다.

时 時	食	植 植	心	安
때 시	밥 식/먹을 식	심을 식	마음 심	편안 안
语 語	然 然	午	右	有
말씀 어	그럴 연	낮 오	오를 우	있을 유
育	邑	入	子	字
기를 육	고을 읍	들 입	아들 자	글자 자
自	场 場	全	前	电 電
스스로 자	마당 장	온전 전	앞 전	번개 전
正	祖 祖	足	左	主
바를 정	할아비 조	발 족	왼 좌	주인 주
住	重	地	纸 紙	直 直
살 주	무거울 중	따 지	종이 지	곧을 직
川	千	天	草 草	村
내 천	일천 천	하늘 천	풀 초	마을 촌
秋	春	出	便	平 平
가을 추	봄 춘	날 출	편할 편/똥오줌 변	평평할 평
下	夏	汉 漢	海	花 花
아래 하	여름 하	한수 한/한나라 한	바다 해	꽃 화
话 話	活	孝	后 後	休
말씀 화	살 활	효도 효	뒤 후	쉴 휴

7급

◆점검 7급 배정 漢字 150자 소리 내어 읽기
(汉字)

时	食	植	心	安
语	然	午	右	有
育	邑	入	子	字
自	场	全	前	电
正	祖	足	左	主
住	重	地	纸	直
川	千	天	草	村
秋	春	出	便	平
下	夏	汉	海	花
话	活	孝	后	休

1. 먼저 「훈음쓰기」와 「漢字쓰기」를 한 다음
2. 아래와 같이　①반드시 훈(뜻)음을 먼저 읽고
　　　　　　　② 독음을 소리내어 읽는다.
3. 한자노트를 이용하여 본문에 나온 한자어를 훈음과 함께 한 번 이상 쓴다.
4. 동요가락에 맞추어 노래한다.

1.　**家**　집 가에 일 사는　**家事**이고요
집가 · 일사　가사　이고요

집안과 문중은 **家門**(**家门**)입니다.
집가 · 문문　가문　입니다

　　歌　노래 가에 손 수는　**歌手**이고요
노래가 · 손수　가수　이고요

학교의 노래는 **校歌**입니다.
학교교 · 노래가　교가　입니다

2.　**間**　사람 인에 사이 간은　**人間**(**人间**)이고요
사람인 · 사이간　인간　이고요

두 물건 사이는 **中間**(**中间**)입니다.
가운데중 · 사이간　중간　입니다

　　江　강 강에 마을 촌은　**江村**이고요
강강 · 마을촌　강촌　이고요

강과 산은 **江山**입니다.
강강 · 메산　강산　입니다

3.　**車**　수레 차에 길 도는　**車道**(**车道**)이고요
수레차 · 길도　차도　이고요

경찰 · 헌병의 순찰차 **白車**(**白车**)입니다.
흰백 · 수레차　백차　입니다

　　工　장인 공에 지아비 부는　**工夫**이고요
장인공 · 지아비부　공부　이고요

건축등에 관한 일 **工事**입니다.
장인공 · 일사　공사　입니다

◆ **점검 읽는 요령**

> 1. 본문학습방법과 같이 ①반드시 훈(뜻)음을 먼저 읽고
>   ②독음을 소리내어 읽는다.
> 2. 아래와 같이 시를 낭송하듯이 소리 내어 읽는다.
> 3. 점검 「배정한자 소리내어 읽기」를 한다.

1. 　家　　家에 事는 家事이고요
　　　　　　집가　　일사　　　가 사
　　　　　　집안과 문중은 家门입니다.
　　　　　　　　　　　　　　　　가 문

　　　歌　　歌에 手는 歌手이고요
　　　　　　노래가　손수　　　가 수
　　　　　　학교의 노래는 校歌입니다.
　　　　　　　　　　　　　　　교 가

2. 　間　　人에 間은 人间이고요
　　　　　　사람인　사이간　　인 간
　　　　　　두 물건 사이는 中间입니다.
　　　　　　　　　　　　　　　중 간

　　　江　　江에 村은 江村이고요
　　　　　　강강　　마을촌　　강 촌
　　　　　　강과 산은 江山입니다.
　　　　　　　　　　　　강 산

3. 　車　　車에 道는 车道이고요
　　　　　　수레차　길도　　　차 도
　　　　　　경찰·헌병의 순찰차 白车입니다.
　　　　　　　　　　　　　　　　백 차

　　　工　　工에 夫는 工夫이고요
　　　　　　장인공　지아비부　공 부
　　　　　　건축등에 관한 일 工事입니다.
　　　　　　　　　　　　　　공 사

7급 제1장

1. **家** 집 가에 일 사는 **家事**이고요
   집안과 문중은 **家門**(家门)입니다.
   가 문

   歌 노래 가에 손 수는 **歌手**이고요
   학교의 노래는 **校歌**입니다.
   교 가

2. **間** 사람 인에 사이 간은 **人間**(人间)이고요
   두 물건 사이는 **中間**(中间)입니다.
   중 간

   江 강 강에 마을 촌은 **江村**이고요
   강과 산은 **江山**입니다.
   강 산

3. **車** 수레 차에 길 도는 **車道**(车道)이고요
   경찰·헌병의 순찰차 **白車**(白车)입니다.
   백 차

   工 장인 공에 지아비 부는 **工夫**이고요
   건축등에 관한 일 **工事**입니다.
   공 사

7급 제 1 장

1. 家 　家에 事는 家事이고요
　　　집안과 문중은 家門입니다.

　歌 　歌에 手는 歌手이고요
　　　학교의 노래는 校歌입니다.

2. 間 　人에 間은 人間이고요
　　　두 물건 사이는 中間입니다.

　江 　江에 村은 江村이고요
　　　강과 산은 江山입니다.

3. 車 　車에 道는 車道이고요
　　　경찰·헌병의 순찰차 白車입니다.

　工 　工에 夫는 工夫이고요
　　　건축등에 관한 일 工事입니다.

7급 제 2 장

1. **空** 빌 **공**에 **가운데 중**은 **空中**이고요
   아무것도 없이 비어있음 **空白**입니다.
   공 백

   口 밥 **식**에 **입 구**는 **食口**이고요
   지역 안에 사는 사람의 수효 **人口**입니다.
   인 구

2. **記** 윗 **상**에 **기록할 기**는 **上記**(上记)이고요
   날마다 기록한 글 **日記**(日记)입니다.
   일 기

   氣 빌 **공**에 **기운 기**는 **空氣**(空气)이고요
   세상 사람의 좋은 평판 **人氣**(人气)입니다.
   인 기

3. **旗** 군사 **군**에 **기 기**는 **軍旗**(军旗)이고요
   나라 상징 하는 기 **國旗**(国旗)입니다.
   국 기

   男 사내 **남**에 **아들 자**는 **男子**이고요
   남자와 여자 **男女**입니다.
   남 녀

7급 제 2 장

1. **空**   空에 **中**은 空中이고요
   아무것도 없이 비어있음 空白입니다.

   口   食에 **口**는 食口 이고요
   지역 안에 사는 사람의 수효 人口입니다.

2. **記**   上에 **記**는 上记이고요
   날마다 기록한 글 日记입니다.

   氣   空에 **氣**는 空气이고요
   세상 사람의 좋은 평판 人气입니다.

3. **旗**   軍에 **旗**는 军旗이고요
   나라 상징 하는 기 国旗입니다.

   男   男에 **子**는 男子이고요
   남자와 여자 男女입니다.

7급 제3장

1. **内** 집 실에 **안 내**는 **室内**이고요

   나라의 안은 **國内**(国内)입니다.
   국 내

   農 농사 농에 집 가는 **農家**(农家)이고요

   농사를 짓는 땅 **農土**(农土)입니다.
   농 토

2. **答** 물을 문에 **대답 답**은 **問答**(问答)이고요

   바를 정에 **대답 답**은 **正答**입니다.
   정 답

   道 사람 인에 길 도는 **人道**(人道)이고요

   나라에서 지정한 도로 **國道**(国道)입니다.
   국 도

3. **冬** 설 립에 겨울 동은 ***立冬**이고요

   가을 추에 **겨울 동**은 **秋冬**입니다.
   추 동

   同 한가지 동에 **한 일**은 **同一**이고요

   같은 학교 출신은 **同門**(同门)입니다.
   동 문

바르게 읽기 : *立冬 - 입동

7급 제 3 장

1. **内** 室에 内는 室内이고요
   나라의 안은 国内입니다.

   農 農에 家는 农家이고요
   농사를 짓는 땅 农土입니다.

2. **答** 問에 答은 问答이고요
   바를 정에 **대답 답**은 正答입니다.

   道 人에 道는 人道이고요
   나라에서 지정한 도로 国道입니다.

3. **冬** 立에 冬은 *立冬이고요
   가을 추에 **겨울 동**은 秋冬입니다.

   同 同에 一은 同一이고요
   같은 학교 출신은 同门입니다.

바르게 읽기 : *立冬 - 입동

7급 제 4 장

1. **洞** 골 동에 긴 장은 **洞長**(洞长)이고요
한 동네에 사는 사람 **洞民**입니다.
동 민

 動 움직일 동에 물건 물은 **動物**(动物)이고요
생기있게 살아움직임 **生動**(生动)입니다.
생 동

2. **登** 오를 등에 메 산은 **登山**이고요
학교에 가는 것 **登校**입니다.
등 교

 來 올 래에 날 일은 ***來日**(来日)이고요
올해의 다음해 ***來年**(来年)입니다.
내 년

3. **力** 온전 전에 힘 력은 **全力**이고요
학문의 실력은 **學力**(学力)입니다.
학 력

 老 늙을 로에 사람 인은 ***老人**이고요
늙으신 어머니 ***老母**입니다.
노 모

바르게 읽기 : *來日 - 내일   *來年 - 내년
*老人 - 노인   *老母 - 노모

◆ 점검

1. **洞** 洞에 長은 洞长이고요
   한 동네에 사는 사람 洞民입니다.

   動 動에 物은 动物이고요
   생기있게 살아움직임 生动입니다.

2. **登** 登에 山은 登山이고요
   학교에 가는 것 登校입니다.

   來 來에 日은 *来日이고요
   올해의 다음해 *来年입니다.

3. **力** 全에 力은 全力이고요
   학문의 실력은 学力입니다.

   老 老에 人은 *老人이고요
   늙으신 어머니 *老母입니다.

바르게 읽기 : *來日 - 내일   *來年 - 내년
                 *老人 - 노인   *老母 - 노모

7급 제 5 장

1. **里** 마을 리에 긴 장은 *里長(里长)이고요

   사람이 사는 마을 洞里입니다.
   동 리

   林 메 산에 수풀 림은 山林이고요

   농업과 임업은 農林(农林)입니다.
   농 림

2. **立** 저자 시에 설 립은 市立이고요

   나라에서 세운 것 國立(国立)입니다.
   국 립

   每 매양 매에 해 년은 每年이고요

   날마다 每日입니다.
   매 일

3. **面** 안 내에 낯 면은 內面이고요

   겉에 나타나는 모양 外面입니다.
   외 면

   名 이름 명에 물건 물은 名物이고요

   이름난 산은 名山입니다.
   명 산

바르게 읽기 : *里長 - 이장

7급 제 5 장

1. **里**　里에 長은 *<u>里长</u>이고요
　　사람이 사는 마을 洞里입니다.

　林　山에 林은 山林이고요
　　농업과 임업은 农林입니다.

2. **立**　市에 立은 市立이고요
　　나라에서 세운 것 国立입니다.

　每　每에 年은 每年이고요
　　날마다 每日입니다.

3. **面**　内에 面은 内面이고요
　　겉에 나타나는 모양 外面입니다.

　名　名에 物은 名物이고요
　　이름난 산은 名山입니다.

바르게 읽기 : *里長 - 이장

7급 제 6 장

1. **命** 하늘 천에 **목숨 명**은 天命 이고요
사람의 목숨은 生命입니다.
생 명

文 글월 문에 **배울 학**은 文學(文学)이고요
글을 쓰는 사람 文人입니다.
문 인

2. **問** 물을 문에 **편안 안**은 問安(问安)이고요
배우고 익히며 연구하는 것 學問(学问)입니다.
학 문

物 날 생에 **물건 물**은 生物이고요
문화의 산물은 文物입니다.
문 물

3. **方** 넉 사에 **모 방**은 四方이고요
동쪽의 방향은 東方(东方)입니다.
동 방

百 일백 백에 **성 성**은 百姓이고요
만의 백곱절은 百萬(百万)입니다.
백 만

7급 제 6장

1. **命** 天에 **命**은 天命 이고요
   사람의 목숨은 生命 입니다.

   文 文에 **學**은 文学 이고요
   글을 쓰는 사람 文人 입니다.

2. **問** 問에 **安**은 问安 이고요
   배우고 익히며 연구하는 것 学问 입니다.

   物 生에 **物**은 生物 이고요
   문화의 산물은 文物 입니다.

3. **方** 四에 **方**은 四方 이고요
   동쪽의 방향은 东方 입니다.

   百 百에 **姓**은 百姓 이고요
   만의 백곱절은 百万 입니다.

7급 제 7 장

1. **夫** **사람 인**에 **지아비 부**는 **人夫**이고요

   농사를 짓는 사람 **農夫**(农夫)입니다.
   농 부

   不 **아닐 불**에 **편안 안**은 **不安**이고요

   움직이지 아니함 ***不動**(不动)입니다.
   부 동

2. **事** **사람 인**에 **일 사**는 **人事**이고요

   신문 등에서 어떤 사실을 알리는 글 **記事**(记事)입니다.
   기 사

   算 **셈 산**에 **날 출**은 **算出**이고요

   기초적인 셈법 **算數**(算数)입니다.
   산 수

3. **上** **따 지**에 **윗 상**은 **地上**이고요

   자기보다 나이가 많음 ***年上**입니다.
   연 상

   色 **흰 백**에 **빛 색**은 **白色**이고요

   푸른 빛깔은 **靑色**(青色)입니다.
   청 색

바르게 읽기 : ***不動** - 부동　　***年上** - 연상

7급 제 7 장

1. **夫**　人에 夫는 人夫이고요
농사를 짓는 사람 农夫입니다.

不　不에 安은 不安이고요
움직이지 아니함 *不动입니다.

2. **事**　人에 事는 人事이고요
신문 등에서 어떤 사실을 알리는 글 记事입니다.

算　算에 出은 算出이고요
기초적인 셈법 算数입니다.

3. **上**　地에 上은 地上이고요
자기보다 나이가 많음 *年上입니다.

色　白에 色은 白色이고요
푸른 빛깔은 靑色입니다.

바르게 읽기 : *不動 - 부동　　*年上 - 연상

7급 제8장

1. 夕 가을 **추**에 **저녁 석**은 **秋夕**이고요
음력 7월7일 밤 **七夕**입니다.
칠 석

姓 **성 성**에 **이름 명**은 **姓名**이고요
성씨가 같은 성 **同姓**입니다.
동 성

2. 世 **인간 세**에 **사람 인**은 **世人**이고요
사람이 사는 사회 **世上**입니다.
세 상

少 **적을 소**에 **해 년**은 **少年**이고요
여자 아이는 **少女**입니다.
소 녀

3. 所 **들 입**에 **바 소**는 **入所**이고요
경치등으로 이름난 곳 **名所**입니다.
명 소

手 **손 수**에 **장인 공**은 **手工**이고요
자기의 체험을 적은 글 **手記**(手记)입니다.
수 기

7급 제 8 장

1. **夕**　秋에 夕은 秋夕이고요
　　　음력 7월7일 밤 七夕입니다.

　姓　姓에 名은 姓名이고요
　　　성씨가 같은 성 同姓입니다.

2. **世**　世에 人은 世人이고요
　　　사람이 사는 사회 世上입니다.

　少　少에 年은 少年이고요
　　　여자 아이는 少女입니다.

3. **所**　入에 所는 入所이고요
　　　경치 등으로 이름난 곳 名所입니다.

　手　手에 工은 手工이고요
　　　자기의 체험을 적은 글 手記입니다.

7급 제 9 장

1. **數** 셈 수에 배울 학은 **數學**(数学)이고요
   두서너 해는 **數年**(数年)입니다.
   수 년

   市 저자 시에 마당 장은 **市場**(市场)이고요
   시의 행정을 맡은 우두머리 **市長**(市长)입니다.
   시 장

2. **時** 때 시에 사이 간은 **時間**(时间)이고요
   태어난 시간은 **生時**(生时)입니다.
   생 시

   食 밥 식에 앞 전은 **食前**이고요
   끼니때와 끼니때의 사이 **食間**(食间)입니다.
   식 간

3. **植** 심을 식에 물건 물은 **植物**(植物)이고요
   나무 심도록 정한 날 **植木日**(植木日)입니다.
   식 목 일

   心 효도 효에 마음 심은 **孝心**이고요
   한마음은 **一心**입니다.
   일 심

7급 제 9 장

1. **數** 　數에 學은 数学이고요
   두서너 해는 数年입니다.

   市 　市에 場은 市场이고요
   시의 행정을 맡은 우두머리 市长입니다.

2. **時** 　時에 間은 时间이고요
   태어난 시간은 生时입니다.

   食 　食에 前은 食前이고요
   끼니때와 끼니때의 사이 食间입니다.

3. **植** 　植에 物은 植物이고요
   나무 심도록 정한 날 植木日입니다.

   心 　孝에 心은 孝心이고요
   한마음은 一心입니다.

7급 제 10 장

1. **安** 편안 안에 **온전 전**은 **安全**이고요
   마음을 편안히 가짐 **安心**입니다.
   안 심

   語 **나라 국**에 **말씀 어**는 **國語**(语语)이고요
   말과 글은 **語文**(语文)입니다.
   어 문

2. **然** **스스로 자**에 **그럴 연**은 **自然**이고요
   하늘 천에 **그럴 연**은 **天然**입니다.
   천 연

   午 **아래 하**에 **낮 오**는 **下午**이고요
   밤 0시부터 낮 12시까지 **上午**입니다.
   상 오

3. **右** **오를 우**에 **편할 편**은 **右便**이고요
   오른손은 **右手**입니다.
   우 수

   有 **있을 유**에 **이름 명**은 **有名**이고요
   힘이나 세력이 있는 것 **有力**입니다.
   유 력

7급 제 10 장

1. **安** 安에 全은 安全이고요
   마음을 편안히 가짐 安心입니다.

   語 國에 語는 国语이고요
   말과 글은 语文입니다.

2. **然** 自에 然은 自然이고요
   하늘 천에 그럴 연 天然입니다.

   午 下에 午는 下午이고요
   밤 0시부터 낮 12시까지 上午입니다.

3. **右** 右에 便은 右便이고요
   오른손은 右手입니다.

   有 有에 名은 有名이고요
   힘이나 세력이 있는 것 有力입니다.

7급 제 11 장

1. 育　가르칠 교에 **기를 육**은 敎育(教育)이고요
낳아서 기르는 것 生育입니다.
생 육

邑　고을 읍에 **안 내**는 邑内이고요
같은 읍에 사는 사람 邑民입니다.
읍 민

2. 入　들 입에 **문 문**은 入門(入门)이고요
들어가는 어귀 入口입니다.
입 구

子　효도 효에 **아들 자**는 孝子이고요
아버지와 아들 父子입니다.
부 자

3. 字　한나라 한에 글자 자는 漢字(汉字)이고요
음과 뜻 등을 표시하는 글자 文字입니다.
문 자

自　스스로 자에 **힘 력**은 自力이고요
스스로 서는 것 自立입니다.
자 립

7급 제 11 장

1. **育** 敎에 育은 敎育이고요
   낳아서 기르는 것 生育입니다.

   邑 邑에 內는 邑內이고요
   같은 읍에 사는 사람 邑民입니다.

2. **入** 入에 門은 入门이고요
   들어가는 어귀 入口입니다.

   子 孝에 子는 孝子이고요
   아버지와 아들 父子입니다.

3. **字** 漢에 字는 汉字이고요
   음과 뜻 등을 표시하는 글자 文字입니다.

   自 自에 力은 自力이고요
   스스로 서는 것 自立입니다.

7급 제 12 장

1. **場** 　**마당 장**에 **바** 소는 場所(场所)이고요
   상품을 팔고 사는 곳 市場(市场)입니다.
   시 장

   全 　**온전 전**에 **나라 국**은 全國(全国)이고요
   가지고 있는 모든 힘 全力입니다.
   전 력

2. **前** 　**낮 오**에 **앞 전**은 午前이고요
   일을 시작 하기 전 事前입니다.
   사 전

   電 　**번개 전**에 **기운 기**는 電氣(电气)이고요
   전기의 힘은 電力(电力)입니다.
   전 력

3. **正** 　**바를 정**에 **낮 면**은 正面이고요
   올바른 도리는 正道(正道)입니다.
   정 도

   祖 　**할아비 조**에 **나라 국**은 祖國(祖国)이고요
   할아버지와 한머니 祖父母(祖父母)입니다.
   조 부 모

7급 제 12 장

1. **場**　場에 所는 场所이고요
상품을 팔고 사는 곳 市场입니다.

全　全에 國은 全国이고요
가지고 있는 모든 힘 全力입니다.

2. **前**　午에 前은 午前이고요
일을 시작 하기 전 事前입니다.

電　電에 氣는 电气이고요
전기의 힘은 电力입니다.

3. **正**　正에 面은 正面이고요
올바른 도리는 正道입니다.

祖　祖에 國은 祖国이고요
할아버지와 할머니 祖父母입니다.

7급 제 13 장

1. **足** 손 **수**에 **발 족**은 **手足**이고요
   넉넉하지 않음은 *<u>**不足**</u>입니다.
   부 족

   左 **왼 좌**에 **편할 편**은 **左便**이고요
   왼손은 **左手**입니다.
   좌 수

2. **主** **주인 주**에 **사람 인**은 **主人**이고요
   중심이 되는 세력 **主力**입니다.
   주 력

   住 **살 주**에 **백성 민**은 **住民**이고요
   실제로 사는 곳 **住所**입니다.
   주 소

3. **重** **무거울 중**에 **큰 대**는 **重大**이고요
   두겹으로 겹침은 **二重**입니다.
   이 중

   地 **따 지**에 **아래 하**는 **地下**이고요
   땅·흙은 **土地**입니다.
   토 지

바르게 읽기 : *不足 - 부족

7급 제 13 장

1. **足** 手에 足은 手足이고요
   넉넉하지 않음은 *不足입니다.

   左 左에 便은 左便이고요
   왼손은 左手입니다.

2. **主** 主에 人은 主人이고요
   중심이 되는 세력 主力입니다.

   住 住에 民은 住民이고요
   실제로 사는 곳 住所입니다.

3. **重** 重에 大는 重大이고요
   두겹으로 겹침은 二重입니다.

   地 地에 下는 地下이고요
   땅·흙은 土地입니다.

바르게 읽기 : *不足 - 부족

7급 제 14 장

1. 紙 **흰 백**에 **종이 지**는 白紙(白纸)이고요
   신문기사 실린 종이 紙面(纸面)입니다.
   지 면

   直 **바를 정**에 **곧을 직**은 正直(正直)이고요
   일이 생기기 바로 전 直前(直前)입니다.
   직 전

2. 川 **큰 대**에 **내 천**은 大川이고요
   산과 내는 山川입니다.
   산 천

   千 **셈 수**에 **일천 천**은 數千(数千)이고요
   많은 돈은 千金입니다.
   천 금

3. 天 **하늘 천**에 **아래 하**는 天下이고요
   하늘과 땅은 天地입니다.
   천 지

   草 **풀 초**에 **나무 목**은 草木이고요
   풀을 먹고 사는 동물 草食動物(草食动物)입니다.
   초 식 동 물

7급 제 14 장

1. **紙** 白에 紙는 白紙이고요
   신문기사 실린 종이 紙面입니다.

   直 正에 直은 正直이고요
   일이 생기기 바로 전 直前입니다.

2. **川** 大에 川은 大川이고요
   산과 내는 山川입니다.

   千 數에 千은 数千이고요
   많은 돈은 千金입니다.

3. **天** 天에 下는 天下이고요
   하늘과 땅은 天地입니다.

   草 草에 木은 草木이고요
   풀을 먹고 사는 동물 草食动物입니다.

7급 제 15 장

1. **村** 메 산에 **마을 촌**은 山村이고요

     농업을 하며 사는 마을 農村(农村)입니다.
     농 촌

   秋 봄 춘에 **가을 추**는 春秋이고요

     가을이 시작되는 절기 *立秋입니다.
     입 추

2. **春** 푸를 청에 **봄 춘**은 靑春(青春)이고요

     봄이 시작되는 절기 *立春입니다.
     입 춘

   出 날 출에 **인간 세**는 出世 이고요

     밖으로 나가는 곳 出口입니다.
     출 구

3. **便** 편할 편에 **종이 지**는 便紙(便纸)이고요

     똥오줌 변에 **바 소**는 *便所입니다.
     변 소

   平 평평할 평에 **따 지**는 平地이고요

     못마땅하게 여기는 것 不平입니다.
     불 평

바르게 읽기 : *立秋 - 입추   *立春 - 입춘

    *大小便 - 대소변   *便所 - 변소

1. **村**　山에 **村**은 山村이고요
　　　농업을 하며 사는 마을 农村입니다.

　秋　春에 **秋**는 春秋이고요
　　　가을이 시작되는 절기 *立秋입니다.

2. **春**　青에 **春**은 青春이고요
　　　봄이 시작되는 절기 *立春입니다.

　出　**出**에 **世**는 出世이고요
　　　밖으로 나가는 곳 出口입니다.

3. **便**　**便**에 **紙**는 便纸이고요
　　　똥오줌 변에 **바 소**는 *便所입니다.

　平　**平**에 **地**는 平地이고요
　　　못마땅하게 여기는 것 不平입니다.

바르게 읽기 : *立秋 - 입추　　　*立春 - 입춘
　　　　　　　　*大小便 - 대소변　　　*便所 - 변소

7급 제 16 장

1. **下** **아래 하**에 **수레 차**는 **下車**(下车)이고요
   산에서 내려옴 **下山**입니다.
   _{하 산}

   夏 **설 립**에 **여름 하**는 *立夏 이고요
   봄 여름 가을 겨울 **春夏秋冬**입니다.
   _{춘 하 추 동}

2. **漢** **한나라 한**에 **글월 문**은 **漢文**(汉文) 이고요
   서울을 중심으로 흐르는 강 **漢江**(汉江)입니다.
   _{한 강}

   海 **바다 해**에 **윗 상**은 **海上** 이고요
   바다에서 싸우는 군대 **海軍**(海军)입니다.
   _{해 군}

3. **花** **흰 백**에 **꽃 화**는 **白花**이고요
   꽃이 피는 풀과 나무 **花草**입니다.
   _{화 초}

   話 **번개 전**에 **말씀 화**는 **電話**(电话)이고요
   손짓으로 하는 말 **手話**(手话)입니다.
   _{수 화}

바르게 읽기 : *立夏 - 입하

1. **下**　下에 車는 下车이고요
　　　산에서 내려옴 下山입니다.

　夏　立에 夏는 *立夏 이고요
　　　봄 여름 가을 겨울 春夏秋冬입니다.

2. **漢**　漢에 文은 汉文이고요
　　　서울을 중심으로 흐르는 강 汉江입니다.

　海　海에 上은 海上이고요
　　　바다에서 싸우는 군대 海军입니다.

3. **花**　白에 花는 白花이고요
　　　꽃이 피는 풀과 나무 花草입니다.

　話　電에 話는 电话이고요
　　　손짓으로 하는 말 手话입니다.

바르게 읽기 : *立夏 - 입하

7급 제 17 장

1. **活** 살 **활**에 힘 **력**은 **活力**이고요

   활발하게 움직임 **活動**(活动)입니다.
   활 동

   孝 효도 **효**에 길 **도**는 **孝道**(孝道)이고요

   효도하는 딸은 **孝女**입니다.
   효 녀

2. **後** 일 **사**에 뒤 **후**는 **事後**(事后)이고요

   먼저와 나중은 **先後**(先后)입니다.
   선 후

   休 쉴 **휴**에 배울 **학**은 **休學**(休学)이고요

   일을 않고 쉬는 날 **休日**입니다.
   휴 일

7급 제 17 장

74

1. 活　活에 力은 活力이고요
　　활발하게 움직임 活动입니다.

　　孝　孝에 道는 孝道이고요
　　효도하는 딸은 孝女입니다.

2. 後　事에 後는 事后이고요
　　먼저와 나중은 先后입니다.

　　休　休에 學은 休学이고요
　　일을 않고 쉬는 날 休日입니다.

김영준 漢字 교실
(汉字)

- 훈(뜻)음 쓰기
- 漢字 쓰기

8급 배정 漢字(한자) 50자 훈(뜻)음 표
(汉字)

一	二	三	四	五
한 일	두 이	석 삼	넉 사	다섯 오
六	七	八	九	十
여섯 륙	일곱 칠	여덟 팔	아홉 구	열 십
日	月	火	水	木
날 일	달 월	불 화	물 수	나무 목
金	土	寸	女	王
쇠금/성 김	흙 토	마디 촌	계집 녀	임금 왕
人	民	山	外	大
사람 인	백성 민	메 산	바깥 외	큰 대
中	小	年	长 長	门 門
가운데 중	작을 소	해 년	긴 장	문 문
青 青	白	父	母	兄
푸를 청	흰 백	아비 부	어미 모	형 형
弟	先	生	教 教	室
아우 제	먼저 선	날 생	가르칠 교	집 실
东 東	西	南	北	学 學
동녘 동	서녘 서	남녘 남	북녘 북	배울 학
校	万 萬	军 軍	韩 韓	国 國
학교 교	일만 만	군사 군	나라 한	나라 국

8급 배정 漢字(한자) 50자 훈(뜻)음 쓰기(1회)
(汉字)

● 훈(뜻)음 표를 보고 (예)한일~다섯오까지 쓴다. 훈(뜻)음 쓰기(1회)~(5회)까지 반복 학습한다.

一	二	三	四	五
六	七	八	九	十
日	月	火	水	木
金	土	寸	女	王
人	民	山	外	大
中	小	年	长 長	门 門
青 青	白	父	母	兄
弟	先	生	教 教	室
东 東	西	南	北	学 學
校	万 萬	军 軍	韩 韓	国 國

8급 배정 漢字(한자) 50자 훈(뜻)음 쓰기(2회)
(汉字)

● 훈(뜻)음 표를 보고 (예)한일~다섯오까지 쓴다. 훈(뜻)음 쓰기(1회)~(5회)까지 반복 학습한다.

一	二	三	四	五
六	七	八	九	十
日	月	火	水	木
金	土	寸	女	王
人	民	山	外	大
中	小	年	长 長	门 門
青 青	白	父	母	兄
弟	先	生	教 教	室
东 東	西	南	北	学 學
校	万 萬	军 軍	韩 韓	国 國

8급 배정 漢字(한자) 50자 훈(뜻)음 쓰기(3회)
(汉字)

● 훈(뜻)음 표를 보고 (예)한일~다섯오까지 쓴다. 훈(뜻)음 쓰기(1회)~(5회)까지 반복 학습한다.

一	二	三	四	五
六	七	八	九	十
日	月	火	水	木
金	土	寸	女	王
人	民	山	外	大
中	小	年	长長	门門
青青	白	父	母	兄
弟	先	生	教教	室
东東	西	南	北	学學
校	万萬	军軍	韩韓	国國

오늘 배운 漢字의 훈음쓰기(1)
(汉字)

● 오늘 배운 한자의 훈음을 쓰시오.

一	二	三	四	五
六	七	八	九	十
日	月	火	水	木
金	土	寸	女	王
人	民	山	外	大
中	小	年	长長	门門
青靑	白	父	母	兄
弟	先	生	教敎	室
东東	西	南	北	学學
校	万萬	军軍	韩韓	国國

오늘 배운 漢字의 훈음쓰기(2)
(汉字)

● 오늘 배운 한자의 훈음을 쓰시오.

一	二	三	四	五
六	七	八	九	十
日	月	火	水	木
金	土	寸	女	王
人	民	山	外	大
中	小	年	长長	门門
青靑	白	父	母	兄
弟	先	生	教敎	室
东東	西	南	北	学學
校	万萬	军軍	韩韓	国國

8급 배정 漢字(한자) 50자 훈(뜻)음 쓰기(4회)
(汉字)

● 훈(뜻)음 표를 보고 (예)한일~다섯오까지 쓴다. 훈(뜻)음 쓰기(1회)~(5회)까지 반복 학습한다.

一	二	三	四	五
六	七	八	九	十
日	月	火	水	木
金	土	寸	女	王
人	民	山	外	大
中	小	年	长 長	门 門
青 青	白	父	母	兄
弟	先	生	教 教	室
东 東	西	南	北	学 學
校	万 萬	军 軍	韩 韓	国 國

8급 배정 漢字(한자) 50자 훈(뜻)음 쓰기(5)
(汉字)

● 훈(뜻)음 표를 보고 (예)한일~다섯오까지 쓴다. 훈(뜻)음 쓰기(1회)~(5회)까지 반복 학습한다.

一	二	三	四	五
六	七	八	九	十
日	月	火	水	木
金	土	寸	女	王
人	民	山	外	大
中	小	年	长 長	门 門
青 青	白	父	母	兄
弟	先	生	教 教	室
东 東	西	南	北	学 學
校	万 萬	军 軍	韩 韓	国 國

8급 배정 한자 50자 漢字 쓰기(1)
(汉字)

※ 훈(뜻)음을 익힌 후 漢字를 쓴다.

一	二	三	四	五
한 일	두 이	석 삼	넉 사	다섯 오

※ 훈(뜻)음을 익힌 후 漢字를 쓴다.

※ 훈(뜻)음을 익힌 후 漢字를 쓴다.

六	七	八	九	十
여섯 륙	일곱 칠	여덟 팔	아홉 구	열 십

(汉字)

※ 훈(뜻)음을 익힌 후 漢字를 쓴다.

日	月	火	水	木
날 일	달 월	불 화	물 수	나무 목

8급 배정 한자 50자 漢字 쓰기(4)
(汉字)

金	土	寸	女	王
쇠 금/성 김	흙 토	마디 촌	계집 녀	임금 왕

8급 배정 한자 50자 漢字 쓰기(5)
(汉字)

※ 훈(뜻)음을 익힌 후 漢字를 쓴다.

人	民	山	外	大
사람 인	백성 민	메 산	바깥 외	큰 대

8급 배정 한자 50자 漢字 쓰기(6)
(汉字)

※ 훈(뜻)음을 익힌 후 漢字를 쓴다.

中	小	年	长 長	门 門
가운데 중	작을 소	해 년	긴 장	문 문

8급 배정 한자 50자 漢字 쓰기(7)
(汉字)

※ 훈(뜻)음을 익힌 후 漢字를 쓴다.

青 青	白	父	母	兄
푸를 청	흰 백	아비 부	어미 모	형 형

8급 배정 한자 50자 漢字 쓰기(8)
(汉字)

※ 훈(뜻)음을 익힌 후 漢字를 쓴다.

弟	先	生	教教	室
아우 제	먼저 선	날 생	가르칠 교	집 실

8급 배정 한자 50자 漢字 쓰기(9)
(汉字)

※ 훈(뜻)음을 익힌 후 漢字를 쓴다.

东東	西	南	北	学學
동녘 동	서녘 서	남녘 남	북녘 북	배울 학

※ 훈(뜻)음을 익힌 후 漢字를 쓴다.

校	万 萬	军 軍	韩 韓	国 國
학교 교	일만 만	군사 군	나라 한	나라 국

7급 배정 漢字 100자 훈(뜻)음 표
(汉字)

家	歌	间 間	江	车 車
집 가	노래 가	사이 간	강 강	수레 차(거)
工	空	口	记 記	气 氣
장인 공	빌 공	입 구	기록할 기	기운 기
旗	男	内	农 農	答
기 기	사내 남	안 내	농사 농	대답 답
道 道	冬	同	洞	动 動
길 도	겨울 동	한가지 동	골 동/밝을 통	움직일 동
登	来 來	力	老	里
오를 등	올 래	힘 력	늙을 로	마을 리
林	立	每	面	名
수풀 림	설 립	매양 매	낯 면	이름 명
命	文	问 問	物	方
목숨 명	글월 문	물을 문	물건 물	모 방
百	夫	不	事	算
일백 백	지아비 부	아닐 불	일 사	셈 산
上	色	夕	姓	世
윗 상	빛 색	저녁 석	성 성	인간 세
少	所	手	数 數	市
적을 소	바 소	손 수	셈 수	저자 시

7급 배정 漢字 100자 훈(뜻)음 쓰기(1회)
(汉字)

● 훈(뜻)음 표를 보고 (예)집가~수레차까지 쓴다. 훈(뜻)음 쓰기(1회)~(5회)까지 반복 학습한다.

家	歌	间 間	江	车 車
工	空	口	记 記	气 氣
旗	男	内	农 農	答
道 道	冬	同	洞	动 動
登	来 來	力	老	里
林	立	每	面	名
命	文	问 問	物	方
百	夫	不	事	算
上	色	夕	姓	世
少	所	手	数 數	市

7급 배정 漢字 100자 훈(뜻)음 쓰기(2회)
(汉字)

● 훈(뜻)음 표를 보고 (예)집가~수레차까지 쓴다. 훈(뜻)음 쓰기(1회)~(5회)까지 반복 학습한다.

家	歌	间 間	江	车 車
工	空	口	记 記	气 氣
旗	男	内	农 農	答
道 道	冬	同	洞	动 動
登	来 來	力	老	里
林	立	每	面	名
命	文	问 問	物	方
百	夫	不	事	算
上	色	夕	姓	世
少	所	手	数 數	市

7급 배정 漢字 100자 훈(뜻)음 쓰기(3회)
(汉字)

● 훈(뜻)음 표를 보고 (예)집가~수레차까지 쓴다. 훈(뜻)음 쓰기(1회)~(5회)까지 반복 학습한다.

家	歌	间 間	江	车 車
工	空	口	记 記	气 氣
旗	男	内	农 農	答
道 道	冬	同	洞	动 動
登	来 來	力	老	里
林	立	每	面	名
命	文	问 問	物	方
百	夫	不	事	算
上	色	夕	姓	世
少	所	手	数 數	市

7급 배정 漢字 100자 훈(뜻)음 쓰기(4회)
(汉字)

● 훈(뜻)음 표를 보고 (예)집가~수레차까지 쓴다. 훈(뜻)음 쓰기(1회)~(5회)까지 반복 학습한다.

家	歌	间 間	江	车 車
工	空	口	记 記	气 氣
旗	男	内	农 農	答
道 道	冬	同	洞	动 動
登	来 來	力	老	里
林	立	每	面	名
命	文	问 問	物	方
百	夫	不	事	算
上	色	夕	姓	世
少	所	手	数 數	市

7급 배정 漢字 100자 훈(뜻)음 쓰기(5회)
(汉字)

● 훈(뜻)음 표를 보고 (예)집가~수레차까지 쓴다. 훈(뜻)음 쓰기(1회)~(5회)까지 반복 학습한다.

家	歌	间 間	江	车 車
工	空	口	记 記	气 氣
旗	男	内	农 農	答
道 道	冬	同	洞	动 動
登	来 來	力	老	里
林	立	每	面	名
命	文	问 問	物	方
百	夫	不	事	算
上	色	夕	姓	世
少	所	手	数 數	市

오늘 배운 漢字의 훈음쓰기(1)
(汉字)

● 오늘 배운 한자의 훈음을 쓰시오.

家	歌	间 間	江	车 車
工	空	口	记 記	气 氣
旗	男	内	农 農	答
道 道	冬	同	洞	动 動
登	来 來	力	老	里
林	立	每	面	名
命	文	问 問	物	方
百	夫	不	事	算
上	色	夕	姓	世
少	所	手	数 數	市

오늘 배운 漢字의 훈음쓰기(2)
(汉字)

● 오늘 배운 한자의 훈음을 쓰시오.

家	歌	间 間	江	车 車
工	空	口	记 記	气 氣
旗	男	内	农 農	答
道 道	冬	同	洞	动 動
登	来 來	力	老	里
林	立	每	面	名
命	文	问 問	物	方
百	夫	不	事	算
上	色	夕	姓	世
少	所	手	数 數	市

7급 배정 한자 100자 漢字 쓰기(1)
(汉字)

※ 훈(뜻)음을 익힌 후 漢字를 쓴다.

家	歌	间 間	江	车 車
집 가	노래 가	사이 간	강 강	수레 차(거)

※ 훈(뜻)음을 익힌 후 **漢字**를 쓴다.

工	空	口	记記	气氣
장인 공	빌 공	입 구	기록할 기	기운 기

7급 배정 한자 100자 漢字 쓰기(3)
(汉字)

※ 훈(뜻)음을 익힌 후 漢字를 쓴다.

旗	男	内	农農	答
기 기	사내 남	안 내	농사 농	대답 답

7급 배정 한자 100자 漢字 쓰기(4)
(汉字)

※ 훈(뜻)음을 익힌 후 漢字를 쓴다.

道 道	冬	同	洞	动 動
길 도	겨울 동	한가지 동	골 동/밝을 통	움직일 동

7급 배정 한자 100자 漢字 쓰기(5)
(汉字)

※ 훈(뜻)음을 익힌 후 漢字를 쓴다.

登	来 來	力	老	里
오를 등	올 래	힘 력	늙을 로	마을 리

※ 훈(뜻)음을 익힌 후 漢字를 쓴다.

林	立	每	面	名
수풀 림	설 립	매양 매	낯 면	이름 명

7급 배정 한자 100자 漢字 쓰기(7)
(汉字)

※.훈(뜻)음을 익힌 후 漢字를 쓴다.

命	文	问 問	物	方
목숨 명	글월 문	물을 문	물건 물	모 방

7급 배정 한자 100자 漢字 쓰기(8)
(汉字)

※ 훈(뜻)음을 익힌 후 漢字를 쓴다.

百	夫	不	事	算
일백 백	지아비 부	아닐 불	일 사	셈 산

7급 배정 한자 100자 漢字 쓰기(9)
(汉字)

※ 훈(뜻)음을 익힌 후 漢字를 쓴다.

上	色	夕	姓	世
윗 상	빛 색	저녁 석	성 성	인간 세

7급 배정 한자 100자 漢字 쓰기(10)
(汉字)

※ 훈(뜻)음을 익힌 후 漢字를 쓴다.

少	所	手	数 數	市
적을 소	바 소	손 수	셈 수	저자 시

7급 배정 漢字 150자 훈(뜻)음 표
(汉字)

时 時	食	植 植	心	安
때 시	밥 식/먹을 식	심을 식	마음 심	편안 안
语 語	然	午	右	有
말씀 어	그럴 연	낮 오	오를 우	있을 유
育	邑	入	子	字
기를 육	고을 읍	들 입	아들 자	글자 자
自	场 場	全	前	电 電
스스로 자	마당 장	온전 전	앞 전	번개 전
正	祖 祖	足	左	主
바를 정	할아비 조	발 족	왼 좌	주인 주
住	重	地	纸 紙	直 直
살 주	무거울 중	따 지	종이 지	곧을 직
川	千	天	草 草	村
내 천	일천 천	하늘 천	풀 초	마을 촌
秋	春	出	便	平 平
가을 추	봄 춘	날 출	편할 편/똥오줌 변	평평할 평
下	夏	汉 漢	海	花 花
아래 하	여름 하	한수 한/한나라 한	바다 해	꽃 화
话 話	活	孝	后 後	休
말씀 화	살 활	효도 효	뒤 후	쉴 휴

7급 배정 漢字 150자 훈(뜻)음 쓰기(1회)
〔汉字〕

● 훈(뜻)음 표를 보고 (예)때시~편안안까지 쓴다. 훈(뜻)음 쓰기(1회)~(5회)까지 반복 학습한다.

时時	食	植植	心	安
语語	然	午	右	有
育	邑	入	子	字
自	场場	全	前	电電
正	祖祖	足	左	主
住	重	地	纸紙	直直
川	千	天	草草	村
秋	春	出	便	平平
下	夏	汉漢	海	花花
话話	活	孝	后後	休

7급 배정 漢字 150자 훈(뜻)음 쓰기(2회)
(汉字)

● 훈(뜻)음 표를 보고 (예)때시~편안안까지 쓴다. 훈(뜻)음 쓰기(1회)~(5회)까지 반복 학습한다.

时 時	食	植 植	心	安
语 語	然	午	右	有
育	邑	入	子	字
自	场 場	全	前	电 電
正	祖 祖	足	左	主
住	重	地	纸 紙	直 直
川	千	天	草 草	村
秋	春	出	便	平 平
下	夏	汉 漢	海	花 花
话 話	活	孝	后 後	休

7급 배정 漢字 150자 훈(뜻)음 쓰기(3회)
(汉字)

● 훈(뜻)음 표를 보고 (예)때시~편안안까지 쓴다. 훈(뜻)음 쓰기(1회)~(5회)까지 반복 학습한다.

时 時	食	植 植	心	安
语 語	然	午	右	有
育	邑	入	子	字
自	场 場	全	前	电 電
正	祖 祖	足	左	主
住	重	地	纸 紙	直 直
川	千	天	草 草	村
秋	春	出	便	平 平
下	夏	汉 漢	海	花 花
话 話	活	孝	后 後	休

7급 배정 漢字 150자 훈(뜻)음 쓰기(4회)
(汉字)

● 훈(뜻)음 표를 보고 (예)때시~편안안까지 쓴다. 훈(뜻)음 쓰기(1회)~(5회)까지 반복 학습한다.

时 時	食	植 植	心	安
语 語	然	午	右	有
育	邑	入	子	字
自	场 場	全	前	电 電
正	祖 祖	足	左	主
住	重	地	纸 紙	直 直
川	千	天	草 草	村
秋	春	出	便	平 平
下	夏	汉 漢	海	花 花
话 話	活	孝	后 後	休

7급 배정 漢字 150자 훈(뜻)음 쓰기(5회)
(汉字)

● 훈(뜻)음 표를 보고 (예)때시~편안안까지 쓴다. 훈(뜻)음 쓰기(1회)~(5회)까지 반복 학습한다.

时 時	食	植 植	心	安
语 語	然	午	右	有
育	邑	入	子	字
自	场 場	全	前	电 電
正	祖 祖	足	左	主
住	重	地	纸 紙	直 直
川	千	天	草 草	村
秋	春	出	便	平 平
下	夏	汉 漢	海	花 花
话 話	活	孝	后 後	休

오늘 배운 漢字의 훈음쓰기(1)
(汉字)

● 오늘 배운 한자의 훈음을 쓰시오.

时 時	食	植 植	心	安
语 語	然	午	右	有
育	邑	入	子	字
自	场 場	全	前	电 電
正	祖 祖	足	左	主
住	重	地	纸 紙	直 直
川	千	天	草 草	村
秋	春	出	便	平 平
下	夏	汉 漢	海	花 花
话 話	活	孝	后 後	休

오늘 배운 漢字의 훈음쓰기(2)
(汉字)

● 오늘 배운 한자의 훈음을 쓰시오.

时 時	食	植 植	心	安
语 語	然	午	右	有
育	邑	入	子	字
自	场 場	全	前	电 電
正	祖 祖	足	左	主
住	重	地	纸 紙	直 直
川	千	天	草 草	村
秋	春	出	便	平 平
下	夏	汉 漢	海	花 花
话 話	活	孝	后 後	休

7급 배정 한자 150자 漢字 쓰기(1)
(汉字)

※ 훈(뜻)음을 익힌 후 漢字를 쓴다.

时 時	食	植 植	心	安
때 시	밥 식/먹을 식	심을 식	마음 심	편안 안

7급 배정 한자 150자 漢字 쓰기(2)
(汉字)

※ 훈(뜻)음을 익힌 후 漢字를 쓴다.

语語	然	午	右	有
말씀 어	그럴 연	낮 오	오를 우	있을 유

7급 배정 한자 150자 漢字 쓰기(3)
(汉字)

※ 훈(뜻)음을 익힌 후 漢字를 쓴다.

育	邑	入	子	字
기를 육	고을 읍	들 입	아들 자	글자 자

※ 훈(뜻)음을 익힌 후 漢字를 쓴다.

(汉字)

※ 훈(뜻)음을 익힌 후 漢字를 쓴다.

自	场 場	全	前	电 電
스스로 자	마당 장	온전 전	앞 전	번개 전

7급 배정 한자 150자 漢字 쓰기(5)
(汉字)

※ 훈(뜻)음을 익힌 후 漢字를 쓴다.

正	祖 祖	足	左	主
바를 정	할아비 조	발 족	왼 좌	주인 주

7급 배정 한자 150자 漢字 쓰기(6)
(汉字)

※ 훈(뜻)음을 익힌 후 漢字를 쓴다.

住	重	地	纸 紙	直 直
살 주	무거울 중	따 지	종이 지	곧을 직

※ 훈(뜻)음을 익힌 후 漢字를 쓴다.

川	千	天	草草	村
내 천	일천 천	하늘 천	풀 초	마을 촌

7급 배정 한자 150자 漢字 쓰기(8)
(汉字)

※ 훈(뜻)음을 익힌 후 漢字를 쓴다.

秋	春	出	便	平 平
가을 추	봄 춘	날 출	편할 편/똥오줌 변	평평할 평

7급 배정 한자 150자 漢字 쓰기(9)
(汉字)

※ 훈(뜻)음을 익힌 후 漢字를 쓴다.

下	夏	汉漢	海	花花
아래 하	여름 하	한수 한/한나라 한	바다 해	꽃 화

※ 훈(뜻)음을 익힌 후 漢字를 쓴다.

话 話	活	孝	后 後	休
말씀 화	살 활	효도 효	뒤 후	쉴 휴

김영준 漢字 교실

（汉字）

훈(뜻)음 찾기

ㄱ

가
可 옳을 가
加 더할 가
家 집 가
歌 노래 가
價 값 가

각
各 각각 각
角 뿔 각

간
間 사이 간

감
感 느낄 감

강
江 강 강
强 강할 강

개
改 고칠 개
開 열 개

객
客 손 객

거
去 갈 거
擧 들 거

건
件 물건 건
建 세울 건
健 굳셀 건

격
格 격식 격

견
見 볼 견
　 뵈올 현

결
決 결단할 결
結 맺을 결

경
京 서울 경
景 볕 경
敬 공경 경
輕 가벼울 경
競 다툴 경

계
界 지경 계
計 셀 계

고
古 예 고
考 생각할 고
告 고할 고
固 굳을 고
苦 쓸 고
高 높을 고

곡
曲 굽을 곡

공
工 장인 공
公 공평할 공
功 공 공
共 한가지 공
空 빌 공

과
果 실과 과
科 과목 과
過 지날 과
　 허물 과
課 과정 과
　 공부할 과

관
關 관계할 관
觀 볼 관

광
光 빛 광
廣 넓을 광

교
交 사귈 교
校 학교 교
敎 가르칠 교
橋 다리 교

구
九 아홉 구
口 입 구
具 갖출 구
區 구분할 구
　 지경 구
球 공 구
救 구원할 구
舊 예 구

국
局 판 국
國 나라 국

군
軍 군사 군
郡 고을 군

귀
貴 귀할 귀

규
規 법 규

근
近 가까울 근
根 뿌리 근

금
今 이제 금
金 쇠 금
　 성 김

급
急 급할 급
級 등급 급
給 줄 급

기
己 몸 기
技 재주 기
汽 물끓는김 기
氣 기운 기
記 기록할 기
基 터 기
期 기약할 기
旗 기 기

길
吉 길할 길

ㄴ

남
男 사내 남
南 남녘 남

남
內 안 내

녀
女 계집 녀

년
年 해 년

념
念 생각 념

농
農 농사 농

능
能 능할 능

ㄷ

다
多 많을 다

단
短 짧을 단
團 둥글 단
壇 단 단

담
談 말씀 담

답

答 대답　답

당

堂 집　당
當 마땅　당

대

大 큰　대
代 대신　대
待 기다릴　대
對 대할　대

덕

德 큰　덕

도

到 이를　도
度 법도　도
　헤아릴　탁
島 섬　도
道 길　도
都 도읍　도
圖 그림　도

독

獨 홀로　독
讀 읽을　독
　구절　두

동

冬 겨울　동
同 한가지　동
東 동녘　동
洞 골　동
　밝을　통
動 움직일　동

童 아이　동

두

頭 머리　두

등

登 오를　등
等 무리　등

〔ㄹ〕

락

落 떨어질　락
樂 즐길　락
　노래　악

랑

朗 밝을　랑

래

來 올　래

랭

冷 찰　랭

량

良 어질　량
量 헤아릴　량

려

旅 나그네　려

력

力 힘　력
歷 지날　력

련

練 익힐　련

령

令 하여금　령
領 거느릴　령

례

例 법식　례
禮 예도　례

로

老 늙을　로
勞 일할　로
路 길　로

록

綠 푸를　록

료

料 헤아릴　료

류

流 흐를　류
類 무리　류

륙

六 여섯　륙
陸 뭍　륙

리

里 마을　리
理 다스릴　리
利 이할　리
李 오얏　리
　성　리

림

林 수풀　림

립

立 설　립

〔ㅁ〕

마

馬 말　마

만

萬 일만　만

말

末 끝　말

망

亡 망할　망
望 바랄　망

매

每 매양　매
買 살　매
賣 팔　매

면

面 낯　면

명

名 이름　명
命 목숨　명
明 밝을　명

모

母 어미　모

목

木 나무　목

目 눈　목

무

無 없을　무

문

文 글월　문
門 문　문
問 물을　문
聞 들을　문

물

物 물건　물

미

米 쌀　미
美 아름다울　미

민

民 백성　민

〔ㅂ〕

박

朴 성　박

반

反 돌이킬　반
　돌아올　반
半 반　반
班 나눌　반

발

發 필　발

방

方 모　방

放 놓을 방

배
倍 곱 배

백
白 흰 백
百 일백 백

번
番 차례 번

법
法 법 법

변
變 변할 변

별
別 다를 별
　 나눌 별

병
兵 병사 병
病 병 병

복
服 옷 복
福 복 복

본
本 근본 본

봉
奉 받들 봉

부
夫 지아비 부

父 아비 부
部 떼 부

북
北 북녘 북
　 달아날 배

분
分 나눌 분

불
不 아닐 불
　 아닐 부

비
比 견줄 비
費 쓸 비
鼻 코 비

빙
氷 얼음 빙

ㅅ

사
士 선비 사
四 넉 사
史 사기 사
仕 섬길 사
死 죽을 사
事 일 사
使 부릴 사
　 하여금 사
社 모일 사
査 조사할 사
思 생각 사
寫 베낄 사

산
山 메 산
産 낳을 산
算 셈 산

삼
三 석 삼

상
上 윗 상
相 서로 상
商 장사 상
賞 상줄 상

색
色 빛 색

생
生 날 생

서
西 서녘 서
序 차례 서
書 글 서

석
夕 저녁 석
石 돌 석
席 자리 석

선
仙 신선 선
先 먼저 선
船 배 선
善 착할 선
選 가릴 선
線 줄 선

鮮 고울 선

설
雪 눈 설
說 말씀 설
　 달랠 세

성
成 이룰 성
性 성품 성
姓 성 성
省 살필 생
　 덜

세
世 인간 세
洗 씻을 세
歲 해 세

소
小 작을 소
少 적을 소
所 바 소
消 사라질 소

속
束 묶을 속
速 빠를 속

손
孫 손자 손

수
水 물 수
手 손 수
首 머리 수
數 셈 수
樹 나무 수

숙
宿 잘 숙
　 별자리 수

순
順 순할 순

술
術 재주 술

습
習 익힐 습

승
勝 이길 승

시
市 저자 시
示 보일 시
始 비로소 시
時 때 시

식
式 법 식
食 밥 식
　 먹을 식
植 심을 식
識 알 식
　 기록할 지

신
臣 신하 신
身 몸 신
信 믿을 신
神 귀신 신
新 새 신

실

失 잃을 실
室 집 실
實 열매 실

심

心 마음 심

십

十 열 십

○

아

兒 아이 아

악

惡 악할 악
　 미워할 오

안

安 편안 안
案 책상 안

애

愛 사랑 애

야

夜 밤 야
野 들 야

약

約 맺을 약
弱 약할 약
藥 약 약

양

洋 큰바다 양
陽 볕 양
養 기를 양

어

魚 고기 어
　 물고기 어
漁 고기잡을 어
語 말씀 어

억

億 억 억

언

言 말씀 언

업

業 업 업

연

然 그럴 연

열

熱 더울 열

엽

葉 잎 엽

영

永 길 영
英 꽃부리 영

오

午 낮 오
五 다섯 오

옥

屋 집 옥

온

溫 따뜻할 온

완

完 완전할 완

왕

王 임금 왕

외

外 바깥 외

요

要 요긴할 요
曜 빛날 요

욕

浴 목욕할 욕

용

用 쓸 용
勇 날랠 용

우

友 벗 우
牛 소 우
右 오를 우
　 오른(쪽)우
雨 비 우

운

雲 구름 운
運 옮길 운

웅

雄 수컷 웅

원

元 으뜸 원
原 언덕 원
院 집 원
園 동산 원
遠 멀 원
願 원할 원

월

月 달 월

위

位 자리 위
偉 클 위

유

由 말미암을 유
有 있을 유
油 기름 유

육

育 기를 육

은

銀 은 은

음

音 소리 음
飮 마실 음

읍

邑 고을 읍

의

衣 옷 의
意 뜻 의
醫 의원 의

이

二 두 이
以 써 이
耳 귀 이

인

人 사람 인
因 인할 인

일

一 한 일
日 날 일

임

任 맡길 임

입

入 들 입

ㅈ

자

子 아들 자
字 글자 자
自 스스로 자
者 놈 자

작

作 지을 작
昨 어제 작

장

長 긴 장

章 글   장
場 마당   장

재

才 재주   재
在 있을   재
再 두   재
災 재앙   재
材 재목   재
財 재물   재

쟁

爭 다툴   쟁

저

貯 쌓을   저

적

赤 붉을   적
的 과녁   적

전

全 온전   전
典 법   전
前 앞   전
展 펼   전
電 번개   전
傳 전할   전
戰 싸움   전

절

切 끊을   절
  온통   체
節 마디   절

점

店 가게   점

정

正 바를   정
定 정할   정
庭 뜰   정
停 머무를 정
情 뜻   정

제

弟 아우   제
第 차례   제
題 제목   제

조

祖 할아비 조
朝 아침   조
調 고를   조
操 잡을   조

족

足 발   족
族 겨레   족

졸

卒 마칠   졸

종

終 마칠   종
種 씨   종

좌

左 왼   좌

죄

罪 허물   죄

주

主 주인   주
  임금   주
州 고을   주
住 살   주
注 부을   주
晝 낮   주
週 주일   주

중

中 가운데 중
重 무거울 중

지

止 그칠   지
地 따   지
知 알   지
紙 종이   지

직

直 곧을   직

질

質 바탕   질

집

集 모을   집

ㅊ

차

車 수레   차
  수레   거

착

着 붙을   착

참

參 참여할 참
  석   삼

창

窓 창   창
唱 부를   창

책

責 꾸짖을 책

천

千 일천   천
川 내   천
天 하늘   천

철

鐵 쇠   철

청

青 푸를   청
清 맑을   청

체

體 몸   체

초

初 처음   초
草 풀   초

촌

寸 마디   촌
村 마을   촌

최

最 가장   최

추

秋 가을   추

축

祝 빌   축

춘

春 봄   춘

출

出 날   출

충

充 채울   충

치

致 이를   치

칙

則 법칙   칙
  곧   즉

친

親 친할   친

칠

七 일곱   칠

ㅌ

타

他 다를   타
打 칠   타

탁

卓 높을   탁

탄

炭 숯   탄

태
太 클　태

택
宅 집　택

토
土 흙　토

통
通 통할　통

특
特 특별할　특

ㅍ

판
板 널　판

팔
八 여덟　팔

패
敗 패할　패

편
便 편할　편
　 똥오줌　변

평
平 평평할　평

표
表 겉　표

품
品 물건　품

풍
風 바람　풍

필
必 반드시　필
筆 붓　필

ㅎ

하
下 아래　하
河 물　하
夏 여름　하

학
學 배울　학

한
寒 찰　한
漢 한수　한
　 한나라　한
韓 나라　한
　 한국　한

합
合 합할　합

해
海 바다　해
害 해할　해

행
行 다닐　행
　 항렬　항
幸 다행　행

향
向 향할　향

허
許 허락할　허

현
現 나타날　현

형
兄 형　형
形 모양　형

호
號 이름　호
湖 호수　호

화
火 불　화
化 될　화
花 꽃　화
和 화할　화
畫 그림　화
　 그을　획
話 말씀　화

환
患 근심　환

활
活 살　활

황
黃 누를　황

회
會 모일　회

효
孝 효도　효
效 본받을　효

후
後 뒤　후

훈
訓 가르칠　훈

휴
休 쉴　휴

흉
凶 흉할　흉

흑
黑 검을　흑